निमित्त नहीं !!

महाभारत की स्त्रियों की गाथा

निमित्त नहीं !!

महाभारत की स्त्रियों की गाथा

सुमन केशरी

वाणी प्रकाशन

वाणी प्रकाशन
4695, 21-ए, दरियागंज, नयी दिल्ली 110 002
फ़ोन : +91 11 23273167 फ़ैक्स : +91 11 23275710

शाखाएँ

अशोक राजपथ, पटना 800 004, बिहार

कॉफ़ी हाउस कैम्पस, महात्मा गांधी मार्ग, इलाहाबाद 211 001, उत्तर प्रदेश

महात्मा गांधी अन्तरराष्ट्रीय हिन्दी विश्वविद्यालय, वर्धा 442 001, महाराष्ट्र

www.vaniprakashan.com
marketing@vaniprakashan.in
sales@vaniprakashan.in

Nimitt Nahin!!
by Suman Keshari

ISBN : 978-93-5518-104-6
Poetry Collection

प्रथम संस्करण 2022
प्रकाशित प्रतियाँ 600

मूल्य : ₹ 299

आर. टेक ऑफ़सेट प्रिंटर्स, दिल्ली-110032 में मुद्रित

वाणी प्रकाशन का लोगो मक़बूल फ़िदा हुसेन की कूची से

ऋत्विक और ऋतंभरा को

अनुक्रम

माद्री

गंगा

सत्यवती

अम्बा, अम्बिका, अम्बालिका, दासी

सुभद्रा

हिडिम्बा

चित्रांगदा, उलूपी

भानुमती

दुःशला

शकुन्तला

माधवी

सावित्री

उत्तरा

पटाक्षेप

कोई नहीं देखता इस समर को

लोहे के पुतले

द्रौपदी के बालों से ख़ून टपक रहा है
दुःशासन का
चेहरा मसृण आँखों में मद है
हाथ हवा में परछाइयाँ बना रहे हैं
एक रथ उकेरा जाता है
घोड़े लगाम छुड़ा भागे जा रहे हैं
टेढ़ा गाण्डीव धरा पर पड़ा है

अश्वत्थामा
द्रौपदी के पाँचों बेटों के सिर
उठाये दौड़ा चला जाता है
रक्त के तालाब में छिपे दुर्योधन की हँसी गूँजी
जा मिली पितामह की कराहों में
पहाड़ पर रखा बर्बरीक का सिर लुढ़क गया है

कोई नहीं देखता इस समर को
छोड़ धृतराष्ट्र के
जिसकी भुजाएँ मचल रही हैं
भीम का आलिंगन करने को

हाड़–माँस का इन्सान कोई कहाँ बचा
सब–के–सब
लोहे के पुतलों में बदल गये हैं...

द्रौपदी

द्रौपदी–1

क्या परिचय दूँ मैं अपना?

क्या परिचय दूँ मैं अपना
द्रौपदी..पांचाली..कृष्णा..याज्ञसेनी
सभी संज्ञाएँ विशेषण हैं या सम्बन्धसूचक
कभी ग़ौर किया है तुमने
मेरा कोई नाम नहीं!

द्रोणाचार्य के अपमान का बदला चुकाने को
पिता को चाहिए था एक योद्धा
और धृष्टद्युम्न के पीछे
यज्ञ की अग्नि से औचक ही निःसृत मैं
सबको स्तब्ध कर
ख़ुद ही प्रयोजन बनती रही आजन्म

सुई की नोक बराबर भूमि न पाने वालों के औरस
अब तक मुझ पर उँगली उठाते थकते नहीं कि
लाखों लोगों की मृत्यु का कारण मैं रही
और भी कई कहानियाँ बुन ली हैं उन्होंने
गहज़ इसलिए कि मैं कभी रोयी नहीं
गिड़गिड़ायी नहीं

न माँ के सम्मुख जब उन्होंने बाँट दिया पाँच बेटों में
और न
कुरुसभा में
जहाँ पाँच–पाँच पतियों के बावजूद मैं अकेली पड़ गयी

इतिहास गवाह है
मैंने केवल कुछ प्रश्न उठाये
कुछ शंकाएँ और जिज्ञासाएँ
और तुमने मुझे नाम से ही वंचित कर दिया!

द्रौपदी-2

कृष्णा

मैं पांचाली पुंश्चली
आज स्वयं को कृष्णा कहती हूँ
डंके की चोट!

कभी न भूलेगी मुझे
कुरुसभा की अपनी कातर पुकार
और तुम्हारी उत्कंठा
मुझे आवृत्त कर लेने की

ओह! वे क्षण...
बदल गयी मैं
सुनो कृष्ण मैंने तुम्हीं से प्रेम किया है
दोस्ती की है!

तुमने कहा–
"अर्जुन मेरा मित्र, मेरा हमरूप, मेरा भक्त है
तुम उसकी हो जाओ"
मैं उसकी हो गयी!

तुमने कहा–
"माँ ने तुम्हें बाँट दिया है अपने पाँच बेटों में
तुम बँट जाओ"
मैं बँट गयी!
तुमने कहा–
"सुभद्रा अर्जुन प्रिया है
स्वीकार लो उसे"
और मैंने उसे स्वीकार लिया!

प्रिय! यह सब इसलिए
कि तुम मेरे सखा हो
और प्रेम में तो यह होता ही है!

सब कहते हैं
अर्जुन के मोह ने
हिमदंश दिया मुझे
किन्तु मैं जानती हूँ
कि तुम्हीं ने रोक लिए थे मेरे कदम

मैं आज भी वहीं पड़ी हूँ प्रिय
मुझे केवल तुम्हारी बंसी की तान
सुनायी पड़ती है
अनहद नाद–सी

द्रौपदी-3

याज्ञसेनी

सुनो पार्थ
उस दिन कुरुक्षेत्र में पूछे सवाल
अब भी विचलित कर देते हैं
पर अपने दिये उत्तरों से
आज भी मैं आश्वस्त हूँ
बावजूद संशयों के

तुम मेरे मित्र कहे जाते हो
परम्परा तुमसे मेरा यही नाता जोड़ती है
भले ही ख़ुद नहीं मानती
और उसने तुम्हें मैत्री के दायरे से निकालकर
भक्त बना दिया है
तुम्हें नर और मुझे नारायण बना दिया है!

किन्तु पार्थ
क्या तब का सच भी यही नहीं था?
क्या तुममें से कोई भी
कभी मेरा मित्र था
सिवाय द्रौपदी के
जिसमें सामने खड़े होने का साहस था

थी प्रश्न पूछने की उत्कंठा
और उत्तर से बिंधे जाकर भी
पीड़ा झेलने की थी शक्ति!
तुम सब तो सभी निर्णयों की
जिम्मेदारी दूसरों पर डाल
निश्चिंत होते रहे हो...
यश और अपयश दोनों का ही भागीदार बना
मैं निरन्तर!

पुरुष हैं हम
हमारे पूछे प्रश्न शाश्वत होते हैं
सारे सम्बन्ध भी
केवल पुरूषों से होते हैं
पुरुषों के लिए
हमने इतिहास को इन्हीं कालजयी प्रश्नोत्तरों से
परिभाषित कर लिया है
मिटा दिये हैं असुविधाजनक सवाल
या फिर उनकी धार ही मोड़ दी है
अपने हित में!

किन्तु सच कहता हूँ
सद्य–विवाहिता द्रौपदी की आहत दृष्टि
आज भी मेरी रीढ़ कँपा देती है
दुविधा–विभक्त मैं
मैंने तो सर्वोपरि माना था माँ के आदेश को
क्यों माँ भी बेटों की भाषा बोलने लगती है
कहो तो पार्थ?
मुझे तब भी

द्रौपदी के सामर्थ्य और तुम भाइयों की
दुर्बलताओं का एहसास था

किन्तु यह क्या कर डाला मैंने
द्रौपदी! मैं गुनहगार हूँ तुम्हारा
तुम्हारे प्रेम और स्वर्गारोहण में बाधक मैं!
तुमने तो हिमालय की ठिठुरन में भी
कभी मुझे दोषी न ठहराया
ऐसा क्यों किया तुमने सखी?
ऐसा क्यों किया?

दरअसल
कुरुक्षेत्र के जिन समाधानों से
मैं कृष्ण बना पुरुषोत्तम
उसकी प्रेरणा तुम्हीं हो
याज्ञसेनी!
केवल तुम्हीं
और कुरुसभा से आती तुम्हारी कातर पुकार

मैं कृतज्ञ हूँ तुम्हारा
आजन्म
प्रिया!

द्रौपदी-4

माद्री की छवि

अतीव सुन्दरी थी माद्री
सुना था द्रौपदी ने
और निहारा था
ख़ुद को जल में

नद में कमल की तरह खिली थी द्रौपदी
जल ने उसे आलिंगन में ले
ताप हरा

कमल–नयनों से जल बरसाती
द्रौपदी
माद्री को याद करती है
और उसकी देह
अँगारों पर लोट–लोट जाती है...

द्रौपदी-5

द्रौपदी का श्राप

सिर विहीन सन्तानों की देह पर
पछाड़ खा–खा रोती है द्रौपदी
मुख तक देख न पाने की पीड़ा
श्राप बन गिरती है
कुरू–पुत्रों पर उल्का खण्ड–सी

उधर दुर्योधन की तृप्त हँसी से गूंजता है दिग्मण्डल

समर अभी बाकी है
लोभ की बिसात पर
घृणा के पासे सजा रहा है काल
निष्कम्प...

द्रौपदी-6

मानस पुत्री

स्वर्गारोहण के समय
लड़खड़ाकर गिरी द्रौपदी की आँख की कोर
में झिलमिलाता अश्रुकण
जो रात की चाँदनी में
मोती–सा दमका
और दुबक गया धरती के आँचल में

वर्षों की साधना के बाद
धरती–सी वह कोख हरियाई
और जन्मी
मनस्विनी कृष्णा
तुम्हारी मानस–पुत्री माँ!

मैं देख पा रही हूँ
तुम्हारी करुण मुस्कान
आँख की कोर में झिलमिलाता मोती
धरती का फैला आँचल
और
प्यासी कोख!

कुन्ती

कुन्ती-1

दुर्वासा का वर

सूर्य के आलोक को अपनी देह में समेटती कुन्ती
दुर्वासा के वर को जीती है
पहली बार
उनींदी आँखों से जीती है राग पल–पल
गर्भ में पल रहे अंश से बेखबर

माँ की आँखों में भय देख
पिता कवच देता है पुत्र को
फिर सोने–सी देह वाला बालक
संसार–सागर में छोड़ दिया जाता है
निपट अकेला

कुन्ती-2

मन्त्र

द्रौपदी को देख
कुन्ती
रह–रह याद करती है
अपना यौवन

मन्त्र में इतनी शक्ति क्यों न थी
कि बँधे रह जाते उसके आँचल से
सूर्य
धर्म
वायु
और इन्द्र

इन दिनों उसे रह–रह कर
दुर्वासा पर क्रोध आता है...

कुन्ती-3

जीवनदान

कर्ण से पाण्डुपुत्रों का जीवनदान माँगती
कुन्ती के चेहरे का दैन्य
कर्ण की आँखों में
कांटे–सा चुभता है

कौन्तेय है वह
जानकर
उसे न हर्ष हुआ न विषाद

कर्ण की मुखमुद्रा में कुन्ती को
वह युवती दिखाई पड़ती है
जिसने पाषाण की तरह उसे
लहरों के हवाले कर दिया था
हाँ! वह माँ नहीं दिखती
जो एक प्रगल्भ क्षण के चलते
मन ही मन खिन्न रही
उम्र भर!

रथ से विरथ
लुंठित–मरणासन्न कर्ण के लहू पर लोटती है कुन्ती
अपमानित–लांछित माँ!

कुन्ती-4

श्राप

द्रौपदी के पाँचों बेटों के सिरविहीन देह को देख
कुन्ती को लाक्षागृह में वो भीलनी याद आती है
जो अपने पाँच बेटों के संग जल मरी थी

आज पहली बार उनकी चीत्कार सुनाई पड़ती है
सुनाई पड़ता है उनका श्राप
और दिखाई देता है
चक्रव्यूह से निकलने को छटपटाता अभिमन्यु

क्या दोष था उस भीलनी का?

दोष किसी का... चुकाता कौन है?
सोचती है कुन्ती
याद करती अपने पोतों को!

गान्धारी

गान्धारी-1

सौ पुत्रों की माता

सौ पुत्रों की माता
मैं गान्धारी
संभोग के उन पलों में पृथ्वी–सी पड़ी रही
आगत की ध्वनियाँ सुनती

आज भयाक्रान्त करवटें बदलती
मैं कोसती हूँ उस दिन को
जब शिव से माँगा था मैंने
सौ पुत्रों की माता होने का वरदान

जान गयी थी पहले ही पल में
कि मैं वह धरती हूँ
जिस पर जीता जायेगा
युद्ध पुंसत्व का
पाण्डु के विरुद्ध...

गान्धारी-2

अन्धकार की लौह-कारा में

कितनी वासना है भरी
उस तन में...मन में...
कैसे कहूँ कुन्ती
तुम समझोगी क्या?

अन्धकार के उस लौह–कारा में
यह वासना ही वह अदृश्य सूत्र है
जो बाँधे रख सकती है
स्त्री को सदा के लिए
जानती हो सखी!

गान्धारी-3

जानती नहीं तुम!

ओ कुन्ती!
अंधे राजपुत्र की गृहीता होना
कोई हँसी–ठट्ठा नहीं
तब और भी
जब ऊर्जस्वित हो वीर्य
और धरती उर्वरा हो
अनंत...

कितना शक्की होता है पुरुष–मन
जानती नहीं तुम पाण्डु–प्रिया

तुम्हारे तो
आह्वान पर
आ खड़े हुए द्वार पर
इन्द्र...वायु और धर्म
तुम्हें
मत्सरों के मन का क्या भान?

गान्धारी-4

द्वापर की पाषाण

सखी!
सौ पुत्रों की माँ मैं
देखा तक नहीं कभी एक को भी पूरी तरह
बस छुआ भर है
अब तो याद तक नहीं
उनका स्पर्श
उनकी गंध
उनकी आवाज़ अक्सर गड्ड–मड्ड हो जाया करती है
इन दिनों
बस याद है तो
राजा की सतत पुकारती आवाज़...
और पासों की खटर–पटर...

पति की वासना
और भाई के छल के पालने में झूलती रही मैं
एक अन्धकार से दूसरे अन्धकार तक
आजन्म

ज़रा छूकर देखो मुझे
है कोई स्पंदन?
है कोई जीवन?
द्वापर की इस पाषाण का कोई अन्त भी तो नहीं...

माद्री

माद्री–1

देह भर

कोई नहीं याद करता मुझे
मानवी की तरह
देह भर मान ली गयी मैं
रूप में
कामना में धधकती देह

कभी सुनना तुम
स्त्री की किसी भी चिता से आती आवाज़ में
तुम्हें मेरा स्वर सुनाई देगा...

माद्री–2

औरत की कथा

हे मनुज
औरत की कोई भी कथा
मुझसे गुजरे बिना
कभी भी
कहीं भी
पूरी नहीं होती
कभी सुनना तुम
उसके रक्त में बहती कातर ध्वनि को

ऐसा कह हँसती है माद्री
मन में
तन में

माद्री-3

सुख

सुन्दरी माद्री का ताप हरते हैं अश्विनी कुमार
पहली बार
पहली बार बोध होता है माद्री को देह का
उसके सुख का
उत्कंठा से भरता है मन जोहता फिर से वही पल...

मदमाते नयनों से देखती है माद्री
जल में अपनी छाया...
नहीं–नहीं
और जीना है उसी सुख को

अपने कुण्ड की दाह से जलती युवती को
याद आते हैं तृषित नेत्रों से ताकते दूसरे कुमार

अवश हो माद्री बुदबुदाती है मंत्र
सारा वन–उपवन
झूम उठता है पावस की बूँदों से
मयूर–सा नाचता है
मन
माद्री का
तन अश्विनी कुमार का

माद्री–4

माद्री के प्रश्न

अग्नि की ज्वाला
उस ज्वाला से कम ही थी
जिससे जली माद्री आजीवन
कितना छल
कितना पाखण्ड

पिता ने धन–स्वर्ण के लिए
ब्याह दिया माद्री को पाण्डु संग
क्या पिता जानते न थे
पाण्डु का रोग
या जानते हुए भी अनजान बने रहे
भीष्म के सामने
बेटी को नहीं
अपने प्राणों को बचाया था पिता ने
और
झोली फैला दी थी उनके सम्मुख

पति संग चिता पर लेटी माद्री
अग्नि की लहरों में धो रही है सारी ज्वालाएँ
प्रश्नों को जन्म देते हुए

गंगा

गंगा-1

गंगा का सन्ताप

आठवें वसु को गर्भ में धारण कर
उद्वीग्न है गंगा
वह शांतनु को देखा करती है जाग–जाग
इतना प्रेम केवल मनुष्य ही कर सकता है
सोचती है गंगा
छोड़ती निःश्वास एकांत में

क्या वह भी शापित है वसुओं की तरह
क्या शांतनु से विदा लेना
मरना नहीं है मानवी गंगा के लिए

शांतनु की आँखों में उगते प्रश्नों से बेचैन है गंगा
वह पुत्र भी पाना चाहती है
पति भी

अपने प्रवाह को
भूल जाना चाहती है गंगा...
एक बार...फिर एक बार
मानवी बनी रहना चाहती है गंगा!

गंगा–2

माँ का मन

तीर से घायल
भीष्म के कलेजे
से गिरने वाले रक्त की पहली बूँद में
अम्बा के आँसू की चमक देख
शिखण्डी के अवसन्न चित्त से फूटा चीत्कार
गंगा के हृदय में लावा–सा फटा है
और
जाने कितनी धाराओं में फूट
माँ का मन दौड़ पड़ा है
पुत्र को थामने

उस दिन
गंगा की सँकरी धार में सबने
मोह–अमोह में बँधी स्त्री की
व्यथा की
बड़वाग्नि जलती देखी...

सत्यवती

सत्यवती-1

मत्स्यगन्धा से योजनगन्धा

सब देखते हैं
शान्तनु का मेरे प्रति अनुराग
कितने जानते हैं
मत्स्यगन्धा से योजनगन्धा तक की मेरी यात्रा?

कौन जानता है
नाव का काम की नदी में डूबना?

वर माँगना तभी सीखा मैंने
केवट जाति में कुछ था कहाँ कि माँग सकता कोई मनचीती
वस्तु या वचन ही!

प्रसन्न हो पराशर ने मेरी देह में भरी सुगंध
तब मैंने जाना
अपनी देह का मोल

लावण्यमयी सुगठित देह
अगर सुगन्धा भी हो तो
कोई भी शान्तनु
भ्रमर बन बन्द हो जाता है
चेतना–विवेक समेत
काम्या की देह में...

यह सीखा था ऋषि से ही
उस किशोरी कन्या ने!

सत्यवती-2

कामना

वृद्ध पराशर की देह में यौवन भरती
सत्यवती ने
कामना की थी
सुगंधित देह की
और
अप्रतिम सन्तान की

द्वैपायन को देख
किशोरी माँ के
मन में उपजा
राग–विराग संग–संग
भाँप गये पराशर
जान गया शिशु

उसके
द्वैपायन से व्यास बनने की कथा
वहीं
उसी पल आरम्भ हुई!

सत्यवती-3

रानी की पुकार

पिता से पढ़ते हुए
जब–जब
द्वैपायन माता के स्पर्श की कल्पना करते हैं
उनका शरीर कंटकित हो जाता है
बस एक ही कामना मन में जगती है
एक बार बस एक बार
माँ उसे पुकारे

अपने राजपुत्रों की मृत्यु के बाद
पुकारा रानी ने अपनी पहली सन्तान को
राजपुत्र उत्पन्न करने के लिए...

अम्बा

अम्बिका

अम्बालिका

दासी

अम्बा–1

प्रतिशोध!

प्रतिशोध
तो क्या यही एक रास्ता बचा था
सोचती है अम्बा
रेत पर पड़ी मछली–सी

क्या यह सच नहीं
कि कुरूवंश सुन
मन ललचाया था उसका
क्या यह सच नहीं
कि भीष्म के पराक्रम ने
मोह लिया था उसे

तभी तो
हाँ तभी तो
वह कह नहीं पायी
मन की बात तब तक
जब तक भीष्म–प्रतिज्ञा
ने आहत न कर दिया
उसका तन–मन!

प्रतिशोध
किसका? किससे?
चकित है अम्बा
और
इस ज्वाला से दग्ध
बहती है अँधड़ बन
उजाड़ती वन–कानन!

सच
जिसे कहा नहीं
उसे
सहना
पड़ता है
जीवन दर जीवन

अम्बा-2

अम्बा से शिखण्डी

कठोर तप ने अम्बा को
नदी भी बना दिया और स्त्री भी
दो भागों में बंटी रही अम्बा अपने सभी जन्मों में

भीष्म के वध को संकल्पित
अम्बा स्त्री भी रही और पुरुष भी
शिखण्डी से शिखंडिनी
शिखंडिनी से शिखण्डी

किन्तु असाध्य तप करके भी
अम्बा
केवल भीष्म की मृत्यु का कारण ही बनी
कारक नहीं!

अम्बा
एक बार फिर जल रही है अपमान से
भीष्म ने न उसकी ओर ताका
न ही किया कोई उपाय
बस त्याग दिये सब हथियार

उनकी वह शान्त छवि
अशान्त करती है अम्बा को
शिखण्डी को

अम्बा–3

शिखण्डी

स्थूनाकर्ण के पुरुषत्त्व से सज्जित शिखण्डी
पहली बार स्वयं को पूर्ण पाता है
द्रोण का शिष्य
सज्जित है अस्त्रों–शस्त्रों से
जीवन का अन्तिम युद्ध लड़ने को

शिखण्डी नहीं जानता
भीष्म का दूसरा प्रण
नहीं जानता
युद्ध नहीं कर सकेगा वह
अपने परम शत्रु से

बस भीष्म की मृत्यु का कारण भर बनेगा
शिखण्डी हर जन्म में अम्बा ही रहेगा
स्त्री ही रहेगा!

अम्बा–4

युगों तक खींचा गया एक दृश्य-पटल

मैं
जो न स्त्री हूँ
न पुरुष
प्रतिशोध की ज्वाला से दग्ध
क्या एक माँस–पिण्ड भर हूँ?

नहीं!
मैं युगों तक खींचा गया एक दृश्य–पटल हूँ
जिस पर
द्रुपद के अपमान
भीष्म के अभिमान
धृतराष्ट्र की ईर्ष्या
दुर्योधन के लोभ
शकुनि के छल
गुरु द्रोण के मोह
और भीम व अर्जुन के क्रोध का
महावृत्तांत रचा गया!

अम्बा–5

मुझे रोक देना है

मुझे रोक देना है
रथ का वह पहिया
जो
काटता है मेरे जीवन की डोर
खींचता है मुझे प्रेम से प्रतिशोध की ओर

सुनो धृष्टद्युम्न
हम–तुम उस यज्ञ की समिधा बने
जिसकी पहली आहुति
बेबस द्रौपदी के
अश्रुकण थे

और अन्तिम
दुर्योधन की जाँघ से बहा
अविरल रक्त धार....

अम्बिका

आज तक जगत दोहराते नहीं थकता
कृष्ण द्वैपायन का कहा
कि मेरे डर कर आँख मूँदने के चलते
धृतराष्ट्र ने आँखें खोईं!

सुना है शैय्या से उतर
कक्ष से बाहर आते ही
उन्होंने माता सत्यवती से
कह दी थी यह बात!

मुझे तो बस इतना ही कहना है
उन ऋषि श्रेष्ठ से
कि
अगर वे आगत से अवगत थे
तो क्यों न कोई उपाय बता गये
बचने के...

दम्भ है यह पुरुष का
कि भोगते हुए भी

वह
निस्पृहता ओढ़े रखता है
उसके लिए
अमरत्व प्रधान है
जिसे साधता है वह कल्पना से...
शब्दों से...

सुनो पुत्र!
तुम्हारे अंधत्व में
मेरे भय से अधिक
ऋषि–श्रेष्ठ का अहंकार है
पूछना उनसे
क्या उन्होंने मेरी मुँदी आँखों के पार
एक स्त्री का सौन्दर्य देखा था?

अम्बालिका

हे पुत्र
कहते तो यही हैं कि
कृष्ण द्वैपायन के तेज से
डर कर पीली पड़ी मेरी देह के चलते
तुम पाण्डु रोग ग्रस्त हुए
पर यह कोई नहीं बताता
क्षय मुझे महाराज ने दिया था
मेरी क्षीण देह
कहाँ तक सहती
भार उस अनजान पुरुष का
जिसे भेज दिया गया था
माँ सत्यवती के आदेश पर
एक रात मेरे कक्ष में

क्या पुरुष होने भर ही से
काम्य हो जाता है
कोई भी एक स्त्री के लिए
क्या स्त्री की अपनी कोई आकांक्षा नहीं होती
अम्बा ने तो त्याग दिया

देह तक इसी प्रश्न पर
किन्तु मैं सोच भी न पायी
और चलती चली आयी
यहाँ तक!

हे पुत्र
तुमने तो अपना नाम भी
अपने वर्ण से पाया
किन्तु कहती हूँ
आज जोर देकर
तुम
लोभ न करना
कोई कुछ भी कहे
तुम तो
उत्पन्न करना
सन्तानें
स्वस्थ गर्भ में
स्वस्थ वीर्य ही से
सुनो!

दासी

(इतिहास में मेरा कोई नाम नहीं...
बिना विदुर के कथा सम्भव नहीं!)

कृतज्ञता की कोख से जन्मता है
एक विवेकशील मन

सुनो पुत्र
यूँ तो पुरूष भोग सकता है
किसी भी नारी को निर्भ्रांत
पर वह भोग नहीं
नियोग का पल था
जो मुझ दासी को मिल गया था अयाचित ही
उस ललाट के तेज में कामना नहीं
कर्तव्य निर्वाह का दर्प था
जिसे मैंने कामना में बदल दिया
क्षण भर में!

तब दमके थे कई तारे
मेरी आँखों में
और जल गया था समय के प्रांगण में एक दीप....

सुभद्रा

सुभद्रा-1

है कोई उपाय व्यूह से निकलने का?

सुनो प्रिय!
आया था सपने में
अभिमन्यु आज भोर
प्यासा...व्याकुल
पूछता था
आगे क्या हुआ माँ?

फिर वो बदल गया तत्क्षण
गर्भस्थ शिशु में
रक्त धाराएँ फूटने लगीं
मेरे अंग–प्रत्यंग से

प्रिय!
अब तो कहो
आगे क्या हुआ
आयेगा वो फिर किसी दिन पूछता
व्यूह से निकलने का मार्ग
कहो तो...

अब तो बतलाओ
है कोई उपाय निकलने का व्यूह से
पूछता है अभिमन्यु शिशु बन बार–बार...

सुभद्रा-2

ज्यों दाँतों के बीच...

सुनो शुभे!
कोई नहीं जानता
व्यूह से निकलना

ज्यों फँसता है अन्न–कण
दाँतों के बीच में
त्यों फँसते हैं हम सब
इस चक्रव्यूह में
कोई नहीं जानता
निकलने का भेद
प्रिये!

सुभद्रा-3

स्त्री है वह इसलिए...

अभिमन्यु लड़ते–लड़ते मारा गया
सुन कर स्तब्ध है सुभद्रा
किसने भेजा उस नन्हे बालक को
व्यूह में
जब मालूम था सभी को
कि अभिमन्यु नहीं
केवल उसके पिता ही
जानते हैं व्यूह भेदना

सुना सुभद्रा ने
ख़ुद अभिमन्यु ने ही जिद ठानी थी
व्यूह तोड़ने की
सुना सुभद्रा ने
ख़ुद अभिमन्यु ने ही बताया था
कि उसने सीखा था
व्यूह भेदन
गर्भ में ही
गर्भ में ही उसने सीख लिए थे
युद्ध के गुर अनेक
कह कर उतरी उसके होठों पर

आश्वस्त करने वाली कोमल मुस्कान
आँखों में दर्प
और भुजाओं में सिद्ध योद्धा की ऐंठन...

सुना सुभद्रा ने
अभिमन्यु ने बताया था
कि उसे केवल प्रवेश करना आता था
व्यूह में
लौटने की राह
जानने से पहले ही
माता को सोया देख
पिता उठ गये थे
पाठ अधूरा ही छोड़ कर
अतृप्त अभिमन्यु ख़ुद ही जानेगा निकलना व्यूह से
लड़ते–लड़ते...

रो रही है सुभद्रा
सोच–सोच
क्यों न जाना उसने
व्यूह से निकलने का मार्ग
जागरण में
सचेष्ट...
क्या सिर्फ इसलिए
कि स्त्री है वह
और युद्ध की बातें
केवल
कहानियों की तरह ही सुन सकती है
स्वयं एक योद्धा की तरह
जानते–समझते और लड़ते तो
बिल्कुल ही नहीं..

सुभद्रा-4

रचना का अपमान

याद करती है सुभद्रा भाइयों को
बलदाऊ को उनकी गदा के साथ
और कृष्ण को चक्र लिए
याद करती है वह अपने पति को
पाशुपत अस्त्र के साथ
जो दिये थे स्वयं शिव ने
तप से प्रसन्न होकर
गाण्डीव तो अर्जुन का अभेद्य अंग बन गया था

सुभद्रा रोती है अस्त्रों को याद करके
फेरती है हाथ अपने पेट पर
इसी में ढोया था उसने अभिमन्यु को नौ मास
ढोया होगा इसी तरह द्रौपदी और गान्धारी ने भी
तो क्या स्त्री
ढोती है सन्तानें
नष्ट करने के लिए

रचना का ऐसा अपमान
धधका देता है
सुभद्रा के अन्तर्तल को

मूँद आँखें वह बैठ जाती है
उत्तरा के शिशु की दीर्घायु के लिए
जप करती
तप करती...

सुभद्रा-5

जब तक तृष्णा है प्रधान...

क्या कोई उपाय है
जो युद्ध से नहीं
किसी और तरीके से
खोजता हो द्वन्द्व के समाधान
सोचती है सुभद्रा
निसि–दिवस
पूछती है गान्धारी से
जिसने खोये सौ पुत्र
और जाने कितने पौत्र
उस महासमर में

कोई नहीं उपाय
जब तक तृष्णा है प्रधान
बुदबुदाई
अपने पाँचों बेटों को पगली–सी पुकारती द्रौपदी

लेकर आह!
बदलती है करवट
सुभद्रा पृथ्वी–सी

सुभद्रा-6

क्योंकर?

सुना है सुभद्रा ने चित्रांगदा का नाम
द्रौपदी के मुख से
आहत मान से विकृत मुख
जिह्वा पर नीम–सी कड़वाहट
जो भर गयी थी उसके भी मुख में नाम सुनते ही

फिर कभी नहीं लिया दोनों में से किसी ने भी
चित्रांगदा का नाम
सुना था उस वीरांगना ने
उनके पति को पाने के लिए
तप किया था असाध्य!
क्रोध से भर गयीं थीं दोनों
सुन उलूपी का नाम
जिसके रूप और तर्क के मायापाश में बँध
अर्जुन भूल गये दोनों ही को!

आज सुभद्रा याद करती है उन्हें
क्रोध, द्वेष और ईर्ष्या में नहीं
उनके रण–कौशल

तर्क–कौशल
और तप के लिए
सराहती है मन–ही–मन कर प्रणाम!

अचम्भित है सुभद्रा
क्योंकर हर बार स्त्री ही
स्त्री से वैर ठानती है
पुरुष की ख़ातिर?

हिडिम्बा

हिडिम्बा-1

प्रेम में कातर

देखती है भीम को हिडिम्बा छिप–छिप कर
वृक्ष की छाल पहने
वृक्ष–सी ही मजबूत, घनी, साँवली, रुक्ष हिडिम्बा

सुन्दर मुख
सुगठित बाहें और बलिष्ट तन पर मोहित होती है रह–रह
जानती है नगरों की नारी नहीं वह
वनवासिनी है
जहाँ अब तक मनुज–माँस चाव है
वीरता का लक्षण है
शत्रु को
परास्त कर
सीना चीर उसका ख़ून पीना

वह नहीं जानती
नगरों से भी गयी नहीं प्रथा यह
वह नहीं जानती
उसके पुत्र के पुत्र का सिर देखेगा
यह कुकृत्य अपनी आँखों

अपने दादा को अँजुरी–भर रक्त पीते हुए
दादी को शत्रु के रक्त से बाल धोते हुए

इस समय तो हिडिम्बा लज्जित है
चाहती है बचा लेना इस वीर को अपने वीर से
प्रेम में कातर वह
निशंक छलती है भाई हिडिम्ब को
जीतती भीम का तन–मन
अपनी वीरता से
चातुर्य से
प्रेम से
धैर्य से
और
उत्सर्ग से..

हिडिम्बा-2

आकुल व्यथा

वासना की ज्वाला से दग्ध तन
नहीं देखता स्व...पर...
चढ़ा देता है स्वजन की बलि
उस पल
निशंक–निरुद्विग्न

तन–जल में भीग
जब खिलता उसमें नेह–नील
जब कहीं सुन पड़ती है
आकुल व्यथा
माँ जाये की

मन करवट लेता है
और सोये भीम के मुख को निहारती
घटोत्कच को दूध पिलाती
हिडिम्बा
चकित रह जाती है
स्वयं पर!

आज
हिडिम्बा जानती है
भीम लौट जायेंगे
नगर वक्त आने पर
हिडिम्बा जानती है
भीम कभी नहीं लौटेंगे फिर प्रेमी की तरह
इस वन में

हिडिम्बा जानती है
उसके पुत्र–पौत्र सब
नागर–यज्ञ की समिधा भर हैं

हिडिम्बा-3

नागरी नहीं हिडिम्बा

घटोत्कच को युद्ध–कौशल
सिखाती है हिडिम्बा
भीम और अर्जुन के घात–प्रतिघातों
को याद कर करके
इन दिनों हिडिम्ब को भी पुकारती है स्वप्न में
बहुत बलशाली था हिडिम्ब
मल्ल–युद्ध में उसका कोई सानी न था

मल्लयुद्ध के दाँव–पेंचों को खूब जानती है हिडिम्बा
नहीं जानती है तो वाक्–कला युधिष्ठिर की
और ज्योतिष–कला सहदेव की
ख़ुद उसके बल से तो घोड़े तक काँपते थे
पर हाँ नकुल–सा सौन्दर्य उसके कुल में कहाँ?

हिडिम्बा-4

मैं स्वयंवरा

तुम्हें सीखने होंगे
सब उपाय
दाँव-पेंच सब
वन के
नगर के
ओ पुत्र घटोत्कच

मैं नहीं थी राजकुल की कन्या
जिसके स्वयंवर में
आते कुमार देश भर से
और
उनमें से कोई एक
राजा की शर्तों को पूरा कर
जीतता राजकुँवरी को

सुनो पुत्र!
मैंने तुम्हारे पिता को वरा
युक्ति और बल के कौशल से
मैं
स्वयंवरा!

चित्रांगदा
उलूपी

चित्रांगदा-1

तुम्हारे तप से...

कहो तो चित्रे
क्या सच ही गहन तपस्या से तुम्हें
सुन्दरता का वरदान मिला था
या
फिर
अर्जुन का ही मन बदल गया था
तुम्हारे तप से

तुम्हारी अर्धोन्मीलित आँखों के नीचे
तुम्हारे गालों का कम्पन
होठों में छिपी नामालूम-सी मुस्कान
एक अस्फुट-सी कथा कह तो रही है
पर उसका कोई आभास
न तो सभासदों की आँखों में दिखता है
और न ही
द्रौपदी और सुभद्रा की बातों में

शुभे! कहीं ऐसा तो नहीं कि
कवि मन ने
तुम्हारी कथा
गाथाओं में नहीं
तुम्हारे न मालूम से मुस्काते होठों के मौन में सुनी थी?

चित्रांगदा-2

डरना मत कभी

किसी से न डरना
न गुरु से
न पिता से
न मृत्यु से
योद्धा हो तुम अद्वितीय हे! ब्रभुवाहन
कहती है चित्रांगदा अपने पुत्र से जब तब
सुनाती कथा अर्जुन की

ब्रभुवाहन
सुनते हुए कथाएँ पिता की
कितने ही प्रश्न करता है माता से
उन प्रश्नों से कभी डरी नहीं चित्रांगदा

अश्वमेध के घोड़े के संग
विजय की कामना लिए आये पिता को देखता ब्रभुवाहन
जाने क्यों युद्ध न कर सका
वह दे देना चाहता था
पिता को सभी सुख इन्हीं कुछ पलो में...

मोह में बँध ब्रभुवाहन
पुत्र नहीं सेवक बन जाता है
उसका योद्धा जाने कहाँ को जाता है

पिता के निराश मन को भाँप
ब्रभुवाहन
विनय त्याग
रोक देता है अश्वमेध के घोड़े को
बल से...रण–कौशल से...
उसे सुनायी देती है तो बस माँ की आवाज़
डरना मत कभी
गुरु से
पिता से
मृत्यु से
योद्धा हो तुम अद्वितीय हे! ब्रभुवाहन
पुत्र चित्रांगदा के!

उलूपी

भोर के लाल–सुनहले प्रकाश में
ऐरावात नाग की कन्या उलूपी
देखती है गंगा में स्नान करते
अर्जुन के विशाल कंधे
रोएँदार चौड़ा सीना
सिंह की कटि–सी कमर
हाथी की सूँड–सी विशाल सुडौल बाहें
केले के स्तम्भ–सी चमकती सख्त जाँघें
जिनसे यौवन हिलोड़ मार रहा था

देखते ही साँसें वश में न रहीं उलूपी की
अनंग के बाणों से बिंधी
वह सुन्दर नागकन्या खींच ले गयी
अर्जुन को जल–तले

बारह वर्ष के ब्रह्मचर्य की शर्त से बँधे अर्जुन
नहीं मानते उलूपी का काम–प्रस्ताव

हँसती है उलूपी स्मरण करती हिडिम्बा को
बड़े भाई के कुमार रहते
भीम ने भी तो वरा था राक्षसी को!
फिर ब्रह्मचर्य तो द्रौपदी से सम्बद्ध है
उसे नहीं भोगना तुम्हें बारह वर्ष तक

कुछ पल मौन रह
पूछती है उलूपी अर्जुन से
पूछा था द्रौपदी से उसकी चाह...उसकी कामना
या फिर विवाह की तरह
यह भी केवल भाइयों के बीच की बात थी?

हतप्रभ हैं अर्जुन
सद्यविवाहिता द्रौपदी का मुख स्मरण कर
या फिर वह मुख युधिष्ठिर के संग बैठी प्रिया का था

म्लान मुख से अर्जुन देखते हैं उलूपी को
मुस्कुरा कर तब कहती है वह स्त्री
नहीं दूँगी श्राप तुम्हें अप्सरा की तरह
न ही डसूँगी द्रौपदी को कभी
सौन्दर्य की भीख नहीं मागूँगी देव से
न ही तुम हर सकोगे मुझको कभी भी

हे वीर!
कामाग्नि से दीप्त
रति को व्याकुल
मैं नागकन्या उलूपी

माँगती हूँ तुम्हारा साथ
कह कर मुस्काती उलूपी
हाथ थाम अर्जुन का
ले जाती है उन्हें मायावी कामलोक में
अपनी देह का ताप हरने
कोख भरने

भानुमती

भानुमती-1

सुन्दरी भानुमती

सुन्दरी भानुमती
पति से विमुख है उस पल से ही
जब से उसने देखा है
द्रौपदी के लिए पति की आसक्ति
पल–पल उसके लिए दुर्योधन का धुँधुआना

वह देखती है आईने में ख़ुद को
बार–बार
पर दिख पड़ता है वहाँ हर बार
बस एक ही मुख
हँसता...लजाता...गुपचुप कोई संकेत–सा करता
दमकता साँवला चेहरा अप्रतिम
पुंश्चली का

भानुमती हर्षित है
द्रौपदी के दुःख से
उसके क्रोध से
उसके वनगमन से

इन दिनों भानुमती का
तन—मन उमगता है
दुर्योधन को देख देख!

भानुमती-2

डरी रहती है भानुमती

भानुमती को साध है अभिमन्यु से पुत्र की
वह लक्ष्मण को रोकती है पाँसे खेलने से
उसे डर लगता है दुःशासन और शकुनि से
कहती नहीं कुछ
बुला लेती है लक्ष्मण को किसी बहाने
सुनाती है कहानियाँ
चन्द्र–सूर्यवंशियों की
राम–लखन की
लखन की साधना की

भानुमती जानती है
लक्ष्मण वीर है
धैर्यवान नहीं
उसे बोध है अपने राजपुत्र होने का
उसी के मद से इतराता है वह
भानुमती डरती है इस अभिमान से

भानुमती चाहती है
लक्ष्मण उद्धार करे
समूचे कुरुवंश का
किन्तु जाने क्यों
अभिमन्यु के वध के बाद से
यह जानते हुए भी
कि मुख्य प्रतिद्वंद्वी जाता रहा है
डरी रहती है वह
घबराती है वह
इन दिनों एक–एक आहट से
संजय की आवाज़ तक से...

भानुमती-3

जाने कौन पुकारता है...

भानुमती इन दिनों बार–बार
धोती है आँखें
पितामह, गुरुओं, पति, देवरों, पुत्रों–भतीजों
के युद्ध में मारे जाने के बाद
महल का अँधकार चौगुना हुआ लगता है

जब तब संजय से
युद्ध का हाल पूछती
श्वसुर की आवाज़
खण्डहर से आती लगती है

चिंता और भय से गान्धारी का मुख
संवला गया है
कुछ ही दिनों में
इन दिनों वह धिक्कारती रहती है
भाई शकुनि को जब–तब

भानुमती जब–जब पति को याद करती है
पुत्र का कोमल चेहरा
आँखों में समा जाता है
जाने कौन तो पुकार रहा है उसे बार–बार...

दु:शला

दुःशला-1

अभी तो द्रौपदी के आँसू सूखे तक नहीं...

दुःशला डरती है द्रौपदी से स्वप्न में भी
वही नहीं, राजभवन की सभी स्त्रियाँ भयभीत हैं द्रौपदी से
उसके रूप से
उसके चातुर्य से
उसके धैर्य से
उसके क्रोध से
कैसी तो सूरज–सी है द्रौपदी
सारा कमलदल ताकता है उसी को
उसके चले जाने से सिमट जाता है मानो जगत–व्यापार

द्यूत–सभा में एकवस्त्रा द्रौपदी की व्यथा
दुःशला के मन में पल भर में ही
जाने कितने भाव जगा जाती है
हर्ष, भय, क्रोध, आशंका, विस्मय, रोमांच, घृणा..

इन दिनों
बिखर गये केशों से शरीर ढाँपती द्रौपदी की छवि में
कालरात्रि की छवि

रह–रह दिखाई देती है दुःशला को
फुफकारते हैं नाग
दिन में भी उसके कानों में जब–तब
अभी तो द्यूत–स्थल पर गिरे द्रौपदी के आँसू सूखे तक नहीं!

दुःशला-2

जानती है दुःशला

जानती है दुःशला
प्रेम करते हैं पाण्डु–पुत्र बहिन से निर्भ्रान्त
तभी तो द्रौपदी–हरण के बावजूद
छोड़ दिया जयद्रथ को भीम ने
केश–रहित सिर पर
पाँच शिखाओं के साथ
जाने ये पाँच शिखाएँ थीं
या पंचमुखी विषधर नाग
रह–रह काँप जाती है दुःशला

उसे याद है दुःशासन
नहीं भूली है वह द्रौपदी और भीम की प्रतिज्ञाएँ

जयद्रथ के घमण्ड को ही नहीं
बल्कि उसकी लौलुपता को भी
दुःशला जानती है

रोज़–रोज़ शिव की आराधना करती स्त्री
नहीं जानती है तो बस
अभिमन्यु का भविष्य
और प्रकृति का न्याय

दुःशला-3

प्यारा भीम...

वह दुःशला ही थी
जो सचमुच बहुत लाड़ करती थी भीम को
सब भाइयों में प्यारा भीम
कंधे पर बिठा बहिन को
ढेरों फल
ऊपर डालियों में लगे फूल
तुड़वा देता था पल भर में

भीम के काँधे पर बैठी दुःशला
अक्सर हाथी पर बैठी होने की कल्पना करती
खूब खिलखिलाती हँसती गाती
कितनी ऊँची हो जाती थी दुःशला
भीम के काँधे पर बैठ!

आज रणभूमि में जयद्रथ की मृतदेह देख दुःशला की
आँखें
खोजती हैं उन्हीं काँधों को
जिन पर सिर धर
वह बचा सके

स्वयं को
लहू के दलदल में धँसने से

युद्ध भूमि में सामने पड़ा
भीम का क्षत–विक्षत लोहे का पुतला
मुस्कुरा रहा है मन्द–मन्द

शकुन्तला

शकुन्तला-1

अँगूठी का वैशिष्ट्य

हे सखी!
दुर्वासा की क्रोधाग्नि से ज्यादा तीव्र है
समाज की क्रोधाग्नि!
दुर्वासा का क्रोध अपने अपमान का क्रोध था
एक व्यक्ति का क्रोध!
समाज की मान्यताओं का
विवाह की नीतियों का
सामूहिक क्रोध नहीं...
तभी तो शकुन्तले!
तुम्हारे विरह की अवधि
मछली के जीवन—काल तक थी
अँगूठी का वैशिष्ट्य भी किसी से छिपा न था!

मेरे लिए तो दुर्वासा का वरदान ही बन गया
जीवन भर का ताप!
कह कर आह भरती है कुन्ती!

शकुन्तला-2

मछली

हे सखी! क्या अब भी तुम सपने में
दुर्वासा को देख चौंक उठती हो...
और
जागते ही दुष्यंत को ढूँढने लगती हो?

हे सखी!
अब भी दुर्वासा सपनों में क्यों आते हैं?
जबकि श्राप की अवधि पूरी हुई...

हे सखी!
क्या कभी दिखती है तुम्हें वह मछली भी
जिसने अंगूठी को सुरक्षित रख लिया था
अपने गर्भ में
और ख़ुद मर कर
तुम्हें मुक्ति दिलाई थी
दुर्वासा के श्राप से?

शकुन्तला-3

प्रेम का बिसरा गीत

हे सखी!
क्या तुमने उस
बिना धड़वाली मछली को गाते सुना है?
या तुम्हें हर आवाज़ में
अब भी दुर्वासा का श्राप सुनाई पड़ता है?

मैंने तो कई–कई बार सपनों में
उस मछली को
प्रेम का कोई बिसरा गीत गाते सुना है...

सुनो
ग़ौर से सुनो
मेरे सपने में आकर तो सुनो सखी
प्रेम का वो बिसरा गीत
जो फूटा था
तुम्हारे होठों से
कभी कण्व के आश्रण में...

शकुन्तला-4

शक्ति

हे कुन्ती!
इतना याद नहीं कि क्रोध दुर्वासा का था
या राजा का
पर
विरह की आग से ज्यादा तीखी थी
अपमान की ज्वाला!
मेनका और विश्वामित्र की पुत्री
तापसी बनी खड़ी थी दरबार में..
यह तो पिता कण्व की ही शिक्षा थी
कि
अपमान सहते कभी चुप न रहूँ
सिर ऊँचा रखूँ और सत्य से न डिगूँ...

तो सखी
वह अंगूठी न थी
जिससे मैं पहचानी गयी
वह ज्ञान और मान की शक्ति थी
जिससे मैं जानी गयी!

माधवी

माधवी

माधवी माध्यम
योग्य शिष्य गालव की गुरुदक्षिणा की
प्रमाण गुरु के सामर्थ्य और शिष्य की अप्रतिम निष्ठा की

आठ सौ श्यामकर्ण अश्वमेधी घोड़े माँग लिए
विश्वामित्र ने बेहिचक
आखिर यह भी तो शिक्षा का ही एक हिस्सा था
कि विद्यार्थी सम्भव करे असम्भव को
किसी भी नीति से

मित्र और ब्राह्मण
यदि याचक बन आ खड़े हों द्वार पर
उन्हें खाली हाथ लौटाना उस चक्रवर्ती को भी शोभा नहीं देता
जो जरा–सा और रस–रंग भोगने के लिए पुत्र पुरु से
माँग लेता है यौवन तक
फिर यह तो अतिथि ब्राह्मण की सेवा थी
ब्राह्मण जो नीतियों का निर्माता है

यह दान नीतिपूर्ण भी था
और
राजा को अमर भी करता था
क्या हुआ अगर बेटी ब्राह्मण की साधना के लिए
कई–कई पुरुषों से संसर्ग करे
क्या किसी ने धरती से पूछा
वह किसके बीज को धारण करेगी?

कर्ता है पुरुष सच्चिदानन्द–स्वरूप
उसी का सत्य है स्त्री का सत्य
उसी की चेतना स्त्री की चेतना है
उसी के आनन्द में है स्त्री का आनन्द

तो धर्मपालक पिता ने सौंप दी गालव को
अपूर्व सुन्दरी माधवी
जिसे वर था अक्षत यौवन का पुत्र जन्म के बाद भी

ऐसी अद्भुत नारी
भला कौन न होता धन्य उसे पाकर
किसका पुरुषार्थ तृप्त न होता इस काम्य फल से
उन विश्वामित्र का भी
जिन्होंने दुःसाहस किया था इन्द्र को चुनौती देने का
सशरीर स्वर्ग–फल भोगने का!

तो दो सौ घोड़े कम देख
शिष्य की प्रार्थना पर गुरु विश्वामित्र ने
माधवी को भोगा
और जाना

कि तीन फलों का सुख उन्होंने खो दिया अज्ञानवश...
अब बस मोह बचा था
जिसे वे मुट्ठी में बाँध लेना चाहते थे

माधवी माधवी
मायामयी माधवी
गालव की साधना की पूर्णाहुति माधवी

आज सब पूछते हैं
क्या कभी तुमसे पिता ने पूछा
क्यों चुनी तुमने वनस्थली स्वयंवर के लिए?
क्या तुमसे महर्षि गालव ने जाना
चार–चार पुरुषों के होते
क्यों बनीं तुम तपस्विनी?
क्यों खेलीं तुम मृगशावकों से
क्या तुम्हें अपने पुत्र कभी याद न आये?

माधवी
क्या कोई चक्रवर्ती साधक या तपस्वी
बाँध पाया गगन, मिट्टी, वायु, जल, ताप को?
रोक पाया क्या कोई कभी
बीज को धरती पर गिरने और उगने से?
रात को दिन और दिन को रात में बदलने से?

माधवी माधवी कमल–पत्र माधवी
माधवी माधवी पृथ्वी–सी माधवी

किरणों में उगती
चिड़ियों–सी चहचहातीं
शाम की उदासी में
घास–सी बिछ जातीं
जब कभी देखा
सुन्दर वन प्रान्तर
तुम्हीं याद आयीं
माधवी माधवी...

सावित्री

सावित्री–1

अश्वपति की कन्या

अश्वपति की कन्या
सघन वन में अनेक अश्वों को देख
चित्रलिखित है
वे अनेक हैं, अनेक मुद्राओं में सजीव
चकित है अश्वपति की कन्या
सावित्री!

जिस पुत्री को
पिता ने पाया अठारह वर्षों की घोर तपस्या के बाद
उसके तेज से प्रतिहत हो
कोई राजपुत्र नहीं करता वरण कुमारी का
उसे ढूँढना होगा स्वयं अपना वर
जानते हैं अश्वपति

तब पिता की इच्छा से
अपने गुण और मन के अनुकूल
वर तलाशती है सावित्री जाने कहाँ–कहाँ

उस सघन वन में
मिट्टी से बने उन सजीव से अश्वों को पाकर
हतप्रभ हुई सावित्री
उनके रचयिता को वर लेती है मन–ही–मन

सावित्री-2

रचेगी महागाथा सावित्री

अश्विनी कुमारों–सा रूपवान
सत्यभाषण करने वाले
चित्राश्व का मन–ही–मन
वरण करती सावित्री
जान लेती है नारद के मुख से
पति की अल्पायु को

ठान लेती है वह तेजस्विनी
जूझेगी यम से वह
प्रिय के प्राणों की ख़ातिर
व्रत से
ज्ञान से
तप से
रचेगी महागाथा प्रेम की!

सावित्री-3

सावित्र कहलाएँगे वे!

सुनो सावित्री
वह जो वीर्य को प्रदीप्त कर
धारण करती है सन्तान को
सन्तान उसी की होती है!

अनिन्दिते
पृथ्वी से यमलोक तक की ऐसी यात्रा
अकल्पनीय रही सदा मेरे लिए
मेरी छाया भर से काँपता प्राणी
मृत्यु से पहले ही प्राण त्याग देता है
कौन कह पाता है
सात कदम साथ चल मित्र हुए हम
हे वैवस्वत!

रात के घोर अन्धकार को चीरती
सूर्य की पहली किरण–सी
हे कल्याणी...कुलनन्दिनी!
तारोगी तुम पति और पिता के कुलों को

भविष्य
तुम्हारे ही नाम से जानेगा
तुम्हारी सन्तानों को
सावित्र कहलाएँगे वे!

सावित्री-4

भूल गयीं अपना नाम तक

तब से स्त्रियाँ हो गयीं सावित्रियाँ
पिता और पति के कुलों को तारतीं
जाने कब भूल गयीं अपना वे नाम भी

सावित्री–5

सत्यवान से अचानक हुई एक मुलाक़ात...

अभी कल शाम ही
एक बूढ़े बरगद के नीचे बैठे
बीमार, शिथिल, कमजोर
सत्यवान से भेंट हो गयी

कुछ अजीब–सा ही दृश्य था
पेड़ पर बस चंद पत्ते बचे थे
उभरी धमनियों वाले
मोटे... शुष्क...
अपने में सिकुड़ते
हवा में काँपते
रूखा तना, खण्डित शाखाएँ, अधनंगा वट
जटाएँ सूख चली थीं

दूर–दूर तक न कोई और तरु
न आसमान को ताकती
कोई कोमल कोंपल
उस पथरीली जमीन पर

जहाँ चट्टानों के सिवा कुछ भी न था
कोंपल और तरु की आशा
निराशा ही बनती

उस बन्जर में
जाने किस आशा में फूटा था वह बड़
सतयुग और त्रेता के सन्धि–काल में सम्भवतः

वहीं
उसी के तले
बैठे थे वृद्ध शिथिल सत्यवान
हथेली की ओट में
आँखें सिकोड़े
दूर देखते
इन्तज़ार करते सावित्री का
जो बदल गयी थी शिला में
तपते–तपते...

अन्तस की अमृत–सलिला से प्राण पाता
सत्यवान को छाया देता
बड़ आज भी जीवित था
बस एक बूँद आँसू की आस में...

उत्तरा

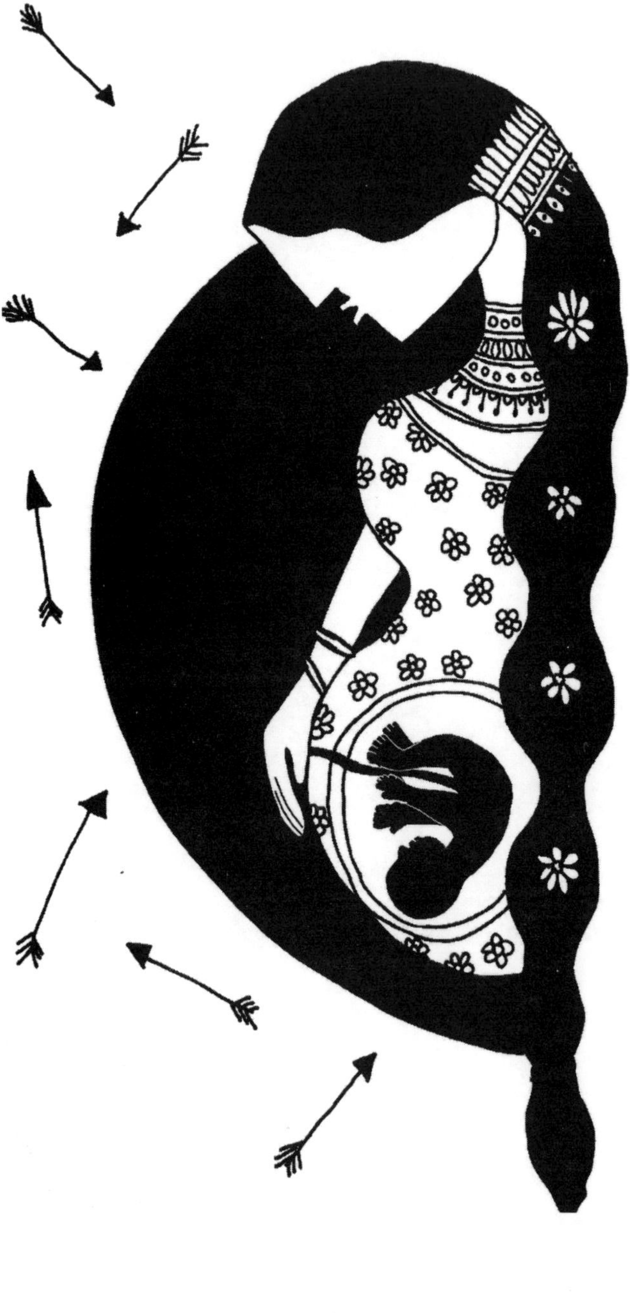

उत्तरा-1

तारों की बदलती स्थिति

वृहनल्ला से नृत्य सीखती उत्तरा
गुरु के हाथों को देखती है बार–बार
लास्य से भरपूर हाथ
कोमल क्यों नहीं?
क्यों हैं हाथों पर घावों के निशान?

उत्तरा ने कभी ऐसे व्यक्ति को देखा ही नहीं
जो स्त्री जैसी तो हो, पर कुछ भिन्न–सी
वाणी मधुर है गुरु की
पर कुछ अलग–सी
उसे मिश्रित स्वर कहती है मन–ही–मन
उत्तरा!

प्रवीण गुरु की प्रवीणा शिष्या
ग़ौर से देखती है भाव,
उँगलियों की मुद्राएँ और पैरों की थाप
उसे आभास है गुरु की असाधारणता का
नत–मस्तक रहती है अनजाने ही राजकुमारी
वृहनल्ला के सम्मुख

भाई उत्तर के रथ से उतरती गुरु को देख
व्याकुल है वह
वह उत्तर के असमंजस और पिता की चिढ़ से
भयभीत है कुछ–कुछ
गुरु के
पदचाप अलग हैं किंचित पुरुषोचित
मुखमुद्रा भी आज भिन्न है कुछ
पर जाने क्यों भय से मुक्त हो रही है वह शनैः शनैः
शुभ और आनन्द से काँपती उत्तरा
नभ में तारों की स्थिति को बदलते देखती है...

उत्तरा-2

व्यूह में बदलती गर्भ को उत्तरा...

कोई नहीं सुनाता उत्तरा को
कैसी भी कथा युद्ध की
सुभद्रा ने तो बन्द कर दिये हैं कक्ष के गवाक्ष भी
इन दिनों उत्तरा का रोम–रोम
जाग्रत है
बन्द कक्ष में भी ध्यानमग्न वह
जान लेती है युद्ध का सारा हाल
सुनती है दुर्योधन का अन्तिम अट्टहास
अश्वत्थामा का क्रोध में बौराया स्वर
अपने गर्भस्थ शिशु से
संवाद करती माँ
गर्भ को अभेद्य व्यूह में बदल देती है
उसके तन मन आत्मा के वलय में
सुरक्षित है उत्तरा का शिशु अब
किसी भी ब्रह्मास्त्र से!

पटाक्षेप

यह कौन-सा कालखण्ड है?

यह कौन–सा देश है?
कौन–सा राज्य?
कालखण्ड कौन–सा है?
कलयुग का कौन–सा चरण है यह?

किस काल में द्यूत नहीं खेला गया?
किस काल में लाक्षागृह नहीं बने?

किस कालखण्ड में मानव नहीं बँटा
अपने और अन्यों में?
किस कालखण्ड में नहीं लड़ा वह
श्वानों की तरह माँस–खण्ड के लिए?

किस काल में सत्य नहीं बिंधा
चिड़िया की आँख–सा?

❑❑